ERIC BOROWIAK

Le glossaire du merchandising et de la grande distribution

Une sélection des Éditions Pierre Semard

Copyright © 2021 Les Éditions Pierre Semard
Tous droits réservés.

ISBN : 9798744536459

La vente commence quand le client dit : Non.

Elmer G. Leterman

Ce glossaire, qui ressemble à un dictionnaire, est un outil indispensable pour maîtriser le vocabulaire du merchandising et de la grande distribution. Mais quelques définitions de marketing y sont présentées aussi, car le marketing se retrouve aussi dans les corps de métiers que sont le merchandising et la distribution. Les mots anglo-saxons ont aussi leur place dans ce lexique comme le brainstorming, le trade marketing, le packaging. Ces termes n'auront plus de secrets pour vous.

À la fin de ce glossaire, vous trouverez deux pages pour vos notes afin d'y inscrire les mots que vous n'avez pas rencontrés dans cet ouvrage en ce qui concerne le merchandising et la grande distribution.

Pour que vous puissiez faciliter votre recherche, les définitions sont classées par ordre alphabétique.

Le glossaire du merchandising

et de

la grande distribution

Accord de pose :

Document recensant les conditions techniques et financières d'installation d'un matériel de publicité sur le lieu de vente.

Achat impulsif :

Achat non prévu qui est décidé de façon impulsive lors de la confrontation au produit.

Achat réfléchi :

L'acheteur va prendre le temps de rechercher correctement et précisément les informations sur le produit. Ensuite, il prendra le temps de comparer et d'évaluer les différentes offres.

Achat simulé :

Étude du comportement d'achat des consommateurs consistant à observer leurs déplacements et leur comportement sur le lieu de vente.

Activation on-pack ou activation packaging :

Action par laquelle on relaie sur le packaging d'un produit un engagement ou un partenariat de la marque qui est souvent un sponsor.

Adhésif de sol :

Élément de PLV /ILV utilisé en point de vente pour orienter le client ou pour lui signaler une offre.

Affichage dynamique :

Média de communication numérique qui peut être mis à jour de façon instantanée.

Agencement :

Optimisation par la présentation des produits afin d'être le plus rentable possible.

Allée Centrale/Pénétrante (AC) :

Allée par laquelle les clients entrent en magasin.

Allée Transversale/Principale :

Allée parallèle aux caisses, qui dessert chaque rayon.

Ambassadeur de marque :

Employé pour désigner des personnes plus ou moins connues qui représenteront la marque au cours d'événements ou dans des messages publicitaires.

Ampleur d'assortiment :

Désigne le nombre total de références d'un point de vente.

Animateur commercial :

Fonction qui a pour but de développer ponctuellement les ventes d'un produit selon différentes techniques d'accroche du consommateur.

Animation commerciale :

Animations commerciales réalisées en points de vente par des prestataires spécialisés pour le compte des marques.

Animation terrain :

Action promotionnelle ponctuelle qui vise à développer les ventes d'un produit ou les visites dans un point de vente.

Appel d'Offres (AO) :

Mise en concurrence des fournisseurs dans le cadre de négociations sur des promotions, des produits bruts ou des prestations de services.

Approvisionnement :

A pour but de répondre aux besoins de l'entreprise en matière de produits ou de services nécessaires à son fonctionnement.

Assortiment :

Ensemble des articles proposés par un point de vente.

Balisage :

Ensemble des outils d'aide à l'orientation et à l'information du client en point de vente (affiches, étiquettes, etc.).

Bandeau publicitaire ou bannière :

Type de format de publicité sur le réseau internet pour accéder à une offre en cliquant dessus.

Benchmarking :

Technique marketing ou de gestion de la qualité qui consiste à étudier et analyser les techniques de gestion, les modes d'organisation des autres entreprises afin de s'en inspirer et d'en tirer le meilleur.

Bergerie :

Mobilier de vente de hauteur et de profondeur variables qui forme une sorte de comptoir, le plus souvent rectangulaire, autour d'un espace permettant la circulation d'un vendeur.

Blanc :

Désigne le gros électroménager (lave-linge, lave-vaisselle, réfrigérateur, etc.).

Blanc (le) :

Désigne le linge de maison et en particulier la période de promotion annuelle qui se trouve généralement au lendemain des fêtes de Noël.

BOF :

Désigne ''**B**eurre **O**euf **F**romage''

Bon de Réduction Différée (BRD) :

Donne droit à une remise sur l'achat du prochain produit ou moyennant l'envoi d'un courrier à l'organisme gestionnaire.

Bon de Réduction Immédiate (BRI) :

Donne droit à une remise aussitôt après passage en caisse.

Borne interactive :

Terminal informatique mis à la disposition du public pour fournir un accès à des réseaux d'information.

Borne multimédia :

Qui permet, dans un point de vente, de naviguer dans un contenu (informations pratiques, catalogue produit,..) à l'aide d'un écran tactile ou d'une molette cliquable.

Borne tactile ou digitale :

Support d'information aux clients ou proposant des services ou produits additionnels.

Box :

Élément de PLV et de transport qui permet la vente de produits sans mise en rayon.

Box palette :

Meuble de PLV, le plus souvent en carton, fixé sur une palette en bois et permettant de disposer ou contenir un grand nombre de produits.

Box PLV :

Élément de PLV et de transport qui permet la vente de produits sans mise en rayon.

Brainstorming :

Remue-méninge en français, technique qui consiste à réunir un groupe de personnes afin qu'ils produisent collectivement un maximum d'idées nouvelles sur un thème donné.

Branding (Marque) :

Désigne généralement une logique d'action marketing ou publicitaire qui cherche surtout à positionner favorablement une marque dans l'esprit du consommateur.

BSA :

Boissons **S**ans **A**lcool, parfois aussi appelé BRSA (**B**oissons **R**afraîchissantes **S**ans **A**lcool).

BVO :

Diminutif de « **B**oucherie-**Vo**laille »

Caddie ou chariot de complaisance :

Caddie pour lequel tous les articles n'ont pas été comptabilisés lors du passage en caisse.

Caddie type :

Se compose des produits les plus souvent rencontrés dans les caddies des clients en sortie de caisse (eau minérale, lessive, …).

Cadencier :

Document, papier ou informatique, destiné à gérer les stocks et passer les commandes d'un rayon.

Caisse Libre Service (CLS) :

Client qui passe lui-même les articles en caisse.

Canal de distribution :

Matérialisation du chemin suivi par un bien de son producteur au consommateur.

Cannibalisation :

Ventes d'un produit qui se fait au détriment d'un autre produit de la même entreprise.

Cariste :

Nom donné au conducteur d'un chariot élévateur.

Carrousel PLV :

Forme de PLV qui est souvent utilisée sous forme motorisée.

cash and carry :

Forme de vente appartenant au commerce de gros et effectuée en libre service à destination des professionnels, collectivités, ...

Cash back :

Technique promotionnelle par laquelle le vendeur s'engage à reverser aux acheteurs une partie du prix d'achat initial.

Casquette :

Dernière étagère au sommet de la gondole qui permet de déposer les produits qui ne rentrent pas dans le linéaire.

Casse :

Marchandises périmées ou dégradées ne pouvant être vendues et signalées comme perte pour le magasin.

Catégorie management :

Processus par lequel les distributeurs et les fournisseurs gèrent les catégories de produits comme des unités commerciales stratégiques, et améliorent les résultats en s'attachant à offrir de la valeur au consommateur.

Centrale d'achat :

Structure gérant les achats de ses affiliés qui peuvent être des détaillants ou des grossistes.

Centre commercial :

Ensemble de magasins de détail et d'entreprises de services réunis dans un même lieu.

Cession de droits en PLV :

Dispositif par lequel le prestataire ayant réalisé initialement la création d'un support de PLV cède à son commanditaire annonceur la possibilité de faire ou refaire d'autres supports identiques par un autre prestataire ou par ses propres moyens.

Chaland :

Client qui se rend dans un point de vente.

Chariot élévateur :

Appareil utilisé dans les réserves pour accéder aux parties hautes de rack où est stockée la marchandise.

Chef de Rayon :

Assure la responsabilité de la gestion d'un rayon dans une grande surface.

Classe de produit :

Élément de la classification internationale retenue en France par l'Institut national de la propriété industrielle, et permettant de regrouper les marques par catégorie de produits et de services.

Clé d'entrée de rayon :

Critère de segmentation utilisé pour classer et disposer les produits au sein d'une famille ou d'un rayon.

Click & collect :

Mode d'achat par lequel un consommateur commande son produit en ligne sur Internet et effectue le retrait de son achat en point de vente.

Client :

Individu ayant déjà acheté un bien ou service à l'entreprise concernée.

Client actif :

Considéré comme actif lorsque son dernier achat ou sa dernière utilisation d'un service est suffisamment récente.

Clientèle de flux :

Personnes qui entrent dans le point de vente parce qu'il se situe sur leur passage.

Client fidèle :

Achats qui sont répétés dans le temps à l'égard d'une marque particulière, d'un produit ou d'un service particulier et/ou qui fréquente le même point de vente assez souvent.

Client passif :

Client dont on recense un ou plusieurs achats dans le passé, mais qui n'a plus acheté sur une période de temps supérieure à celle généralement constatée.

Code-barre :

Code utilisant des barres verticales, imprimé sur l'emballage d'un article et qui, lu par un lecteur optique et qui permet l'identification de l'article.

Code barre 2D :

Stockent plus d'informations que le code-barres traditionnel et peuvent être lus par un téléphone mobile grâce à une application dédiée. L'information peut être un prix, une URL, un numéro de téléphone, un texte libre et même un positionnement GPS.

Code packaging :

Forme, matière ou couleur de packaging utilisée traditionnellement pour un univers produit donné. Dans le domaine du café par exemple, le code en vigueur est l'utilisation d'un paquet rectangulaire le plus souvent rouge ou noir.

Commerce :

Ensemble des transactions aussi bien pour les ventes que les achats que ce soit monétaire, physique, ou scriptural (denrées, marchandises, valeurs, ...).

Commerce associé :

Forme de commerce qui regroupe des commerçants juridiquement indépendants qui se sont associés pour optimiser leur communication et leur procédure de commercialisation, comme la franchise.

Commerce de détail :

Ensemble des entreprises de distribution qui vendent directement au grand public des marchandises dans l'état où elles sont achetées ou après transformations mineures.

Commerce de gros :

Consiste à acheter, entreposer et vendre des marchandises généralement à des détaillants, des utilisateurs professionnels (industriels ou commerciaux) ou des collectivités, voire à d'autres grossistes ou intermédiaires, et ce quelles que soient les quantités vendues.

Commerce de proximité :

Point de vente de surface réduite situé dans une zone d'habitation et dont la zone de chalandise est limitée.

Commerce équitable :

Commerce tourné vers le développement des producteurs.

Commerce indépendant :

Forme de commerce dans laquelle le commerçant exerce sous une forme juridique indépendante, sans aucun lien capitalistique avec d'autres commerces ou entreprises.

Commerce indépendant associé :

Forme de commerce dans laquelle les commerçants sont juridiquement indépendants, mais se regroupent pour se renforcer sur le plan économique.

Commerce indépendant isolé :

Commerce qui vend sous sa propre enseigne et qui ne fait partie d'aucun groupement ni réseau.

Commerce indépendant organisé :

Commerce indépendant qui fait partie d'un groupement, d'une association (commerce associé) ou encore d'un réseau de franchise.

Commerce intégré :

Forme de commerce en réseaux dont tous les points appartiennent au même propriétaire.

Community (Communauté) :

Ensemble de personnes, au sein de l'entreprise et en dehors qui participent à la construction et à la consommation d'une marque.

Conditionnement :

Emballage qui est en contact direct du produit et qui peut être compris lui-même dans un emballage extérieur ou packaging.

Contrôle de facing :

Tournée faite par un responsable de magasin mais aussi par une personne extérieure pour vérifier que les facings ont bien été installés ou sont toujours présents.

Contrôle de linéaire du rayon :

Activité qui vise à parcourir les rayons pour détecter des anomalies de natures diverses.

Contrôle et suivi PLV :

Surveillance de chaque magasin pour la bonne mise en place du matériel PLV délivré.

Co-packing :

Activité qui consiste à regrouper dans un même emballage ou packaging plusieurs produits distincts ou identiques.

Corner de marque :

Coin commercial au sein d' un rayon de magasin physique ou numérique permettant d'exposer et de mettre en valeur les produits ou services d'une entreprise.

Couponing de caisse :

Bon de réduction qui sont imprimés sur le ticket de caisse.

Cravate de cross-merchandising :

Support de présentation produit qui permet l'ajout facile d'une référence dans un rayon sans pour autant perturber l'implantation des produits traditionnels du linéaire.

Cross-canal :

Permet aux vendeurs et aux distributeurs, de suivre son client avec son historique d'achat sur les différents canaux de vente mis à sa disposition.

Cross-Docking :

Technique logistique qui revient à dispatcher les marchandises provenant en grosses quantités des différents fournisseurs, pour les répartir dans d'autres moyens de transport à destination d'un magasin.

Cross-merchandising :

Consiste à proposer un produit à la vente hors de son rayon habituel à côté d'un produit dont il est complémentaire.

Cross-Selling :

Technique de vente qui revient à mettre en relation deux produits à l'usage complémentaire afin de générer plus de ventes.

Date de Durabilité Minimale (DDM) :

Date qui indique que le produit perd de ses qualités gustatives ou nutritives une fois la date dépassée.

Déclaration de caisse :

Action du comptage d'une caisse à la fin du service.

Dégerber :

Opération inverse du gerbage.

Deloter :

Action de séparer deux unités de consommation initialement comprise dans un lot.

Démarque connue :

Marchandises qui ne sont plus en stock pour des raisons identifiées.

Démarque inconnue :

Marchandises qui ne sont plus en stock pour des raisons non identifiées.

Demi-grossiste :

Commerce exercé par des distributeurs dits demi-grossistes ou semi-grossistes qui s'approvisionnent auprès de grossistes et revendent à des détaillants.

DPH :

Acronyme qui désigne **D**roguerie **P**arfumerie **H**ygiène.

Dépoter :

Action de vider le contenu d'une palette pour le charger dans le rayon.

Déréférencement :

Procédure de retrait d'une référence au sein de l'assortiment proposé par l'enseigne.

Désaisonnaliser :

Désigne les actions marketing entreprises pour faire perdre à un produit son caractère saisonnier.

Devant de caisse :

Espace situé devant mais aussi à côté des caisses.

Discount :

Consiste à offrir en permanence au consommateur des produits à des prix sensiblement inférieurs à ceux de la concurrence.

Display :

Matériel publicitaire utilisé sur le lieu de vente pour présenter et mettre en valeur le produit.

Distribution Numérique (DN) :

Pourcentage de magasins dans lesquels un produit est présent.

Distribution Valeur (DV) :

Pourcentage des ventes totales de la catégorie de produit réalisées par les points de vente qui ont référencé la marque ou la référence de produit.

Diversification :

Action pour une entreprise de produire de nouveaux produits ou services et d'entrer ainsi sur de nouveaux marchés.

DLC :

Acronyme qui désigne **D**ate **L**imite de **C**onsommation.

DLUO :

Acronyme qui désigne **D**ate **L**imite d'**U**tilisation **O**ptimale.

Drive :

Vente à emporter dans l'univers de la grande distribution mais également dans la restauration.

Droit d'entrée :

Somme que doit payer un fabricant pour être référencé pour la première fois par un distributeur ou plus rarement au sein d'une nouvelle catégorie de produit.

EAN :

European **A**rticle **N**umber, système européen de codification des produits qui est utilisé dans les codes barres.

Échantillon :

Produit mis à disposition du client final ou du revendeur gratuitement pour faire découvrir celui-ci.

Éclairage d'accentuation :

Éclairage supplémentaire, localisé, pour apporter l'accentuation sur une petite zone.

E-commerce :

Regroupe l'ensemble des transactions commerciales s'opérant à distance par le biais d'interfaces électroniques et digitales.

EEG :

Sigle pour **É**tiquette **É**lectronique de **G**ondole qui sert à la mise à jour des prix à distance.

Effet d'isolement :

Consiste à placer un produit dont on considère que le prix peut être un obstacle à son achat car le prix est jugé élevé, à côté d'un autre produit de la même catégorie, mais dont le prix est plus élevé encore.

ELS :

Employé **L**ibre **S**ervice mais également appelé gestionnaire dans un point de vente.

E-marketing :

Politique visant à utiliser l'internet comme moyen d'action et moyen de communication pour le e-commerce mais aussi pour le point de vente pour le développement de leur activité.

Emballage factice :

Réplique d'un emballage destinée à des actions de communication sur le lieu de vente.

Emballage d'un produit :

Rôle de protection et de séduction pour rendre le produit désirable. Il est aussi connu sous le nom de packaging.

Emballage groupé :

Emballage réunissant plusieurs unités de vente soit parce que ces produits sont complémentaires ou font l'objet d'une opération promotionnelle.

Emballage multiple :

Emballage regroupant plusieurs unités de vente d'un même produit dans le but d'une opération de promotion commerciale.

Emballage primaire :

Emballage du produit tel qu'il sera présenté en magasin.

Emballage secondaire :

Emballage de regroupement des produits qui est utilisé pour acheminer les produits en points de vente, bien souvent c'est un carton.

Emballage tertiaire :

Regroupement d'emballages secondaires à des fins de logistique et de manutention.

E-merchandiser :

Personne qui est en charge du merchandising sur un site marchand.

E-merchandising :

Techniques qui consistent à optimiser les fonctionnalités de recherche, d'accès et de présentation produits pour favoriser les ventes sur un site marchand.

Emplacement au sol :

Représente la surface occupée par une palette, un rack, une étagère ou tout autre meuble de stockage déterminé.

Emplacement flottant :

Emplacement qui est utilisé dès qu'il se libère pour y placer n'importe quelle autre stock.

Emprise commerciale :

Capacité d'un point de vente ou d'un centre commercial à capter les dépenses commerciales d'une population ou zone de chalandise donnée. L'emprise commerciale d'un magasin s'exprime généralement par le taux d'emprise.

Enseigne :

Support physique permettant l'identification (néon, store..) d'un point de vente.

EPCS :

Acronyme pour **É**lectroménager **P**hoto **Ci**néma et **S**on.

Exécution merchandising :

Façon dont les recommandations merchandising sont effectivement et précisément mises en œuvre au sein d'un réseau du point de vente.

Expérience client :

Ensemble des émotions et sentiments ressentis par un client avant, pendant et après l'achat d'un produit ou service.

Extension de gamme :

Politique qui consiste pour une marque à proposer un ou plusieurs nouveaux produits au sein d'une gamme.

Extension de marque :

Marque par laquelle une entreprise utilise une marque déjà installée pour de nouveaux produits ou de nouvelles activités.

Facing :

Terme de merchandising désignant le nombre de produits faisant directement face au consommateur sur un ou plusieurs niveaux d'un linéaire dans un point de vente.

Factice géant :

Reproduction géante généralement en matière plastique d'un article à promouvoir.

Famille de produits :

Regroupe des produits destinés à répondre à une utilisation similaire.

Field marketing :

Actions de communication et d'animation marketing réalisées en points de vente par des animateurs.

FIFO :

Il s'agit des initiales en anglais pour **F**irst **I**n First **O**ut, qui signifie Premier Entré, Premier Sorti. Méthode de gestion des stocks qui revient à faire en sorte que le premier article rentré en stock, soit le premier sorti/vendu.

Flashcode :

Code barre 2D qui peut être lu par un smartphone ou une tablette par le biais d'une application spécifique utilisant la fonction appareil photo.

Flux de clientèle :

Flux relatifs aux déplacements des clients dans un magasin ou centre commercial. Son analyse détermine les parcours type, la vitesse de déplacement, les volumes passants, les comportements du client.

Flyer :

Tract au format papier qui est distribué ou déposé dans des endroits de passage pour promouvoir un événement.

Fond de rayon :

Ensemble des produits mis classiquement en rayon par opposition aux produits faisant l'objet d'une mise en avant en tête de gondoles ou sur d'autres espaces promotionnels.

Format flyer :

Format utilisé dans la création d'un e-mail et qui prend la forme d'un visuel rectangulaire qui est affiché en totalité dans l'espace de visualisation d'un message sans utilisation des barres de défilement.

Franchise :

Contrat par lequel une entreprise (le franchiseur) accorde à un commerçant (le franchisé) le droit d'exploiter son concept, sa marque et son savoir-faire.

Froid négatif :

Se dit lors d'une température négative.

Froid positif :

Se dit lors d'une température positive.

Frontale :

Nombre de produits faisant directement face au consommateur sur un ou plusieurs niveaux d'un linéaire dans un point de vente.

Fronton :

Élément de PLV/ILV qui vient habiller un linéaire, un îlot, une tête de gondole ou une box palette.

Galerie commerciale :

Regroupement de commerces au sein d'un même espace piétonnier couvert.

Gamme :

Ensemble de produits qui peuvent être vendus sous la même

marque.

Gencod :

Identité numérique propre à chaque unité de bien qui permet d'être scanné lors du passage en caisse notamment.

Géomarketing :

Regroupe toutes les actions marketing utilisant à la fois des données cartographiques ou géographiques, socio-comportementales et socio-démographiques afin d'analyser le comportement des individus en tenant compte de ces notions.

Géomerchandising :

Optimisation des assortiments en fonction des catégories socio-démographiques et types d'habitat présents dans la zone de chalandise du point de vente.

Gerbage :

Action consistant à superposer des colis

Gerber :

Consiste à superposer les colis les uns sur les autres.

Gigognité :

Signifie qu'un produit vendu dans un petit supermarché le soit également dans un hypermarché au sein d'une enseigne.

GMS :

Est l'acronyme utilisé dans le domaine de la distribution pour désigner les **G**randes et **M**oyennes **S**urfaces.

Gondole :

Mobilier de vente utilisé dans le commerce en libre service et notamment dans la grande distribution.

Goulotte de linéaire :

Élément de mobilier de vente qui présente les produits sur un plan incliné au sein du linéaire et qui par cette inclinaison permet sans manipulation que les produits du fond viennent, en glissant sur la goulotte, remplacer les produits pris par les clients.

Grande distribution :

Commerce de détail de biens de consommation s'effectuant en libre service au sein du commerce intégré ou associé.

Grand magasin :

Commerce de centre ville caractérisé par une grande surface de vente répartie sur plusieurs niveaux, un assortiment très large essentiellement basé sur l'équipement de la maison et de la personne et par des ventes réalisées en libre service assisté.

Grossiste :

Intermédiaire dans le circuit de distribution d'un bien placé généralement entre le producteur et le détaillant. Son rôle est l'achat de marchandises mais aussi des services en gros volume pour réduire les coûts.

GSA :

Est l'acronyme utilisé dans le domaine de la distribution pour désigner les **G**randes **S**urfaces **A**limentaires.

GSS :

Est l'acronyme utilisé dans la distribution pour désigner les **G**randes **S**urfaces **S**pécialisées (habillement, sport, culture, électroménager, …).

Habillage bac :

Kit de PLV fournit aux distributeurs par un industriel lorsque son ou ses produits font l'objet d'une promotion en bac ou meuble réfrigéré.

Habillage de colonne :

Pratique événementielle dans le domaine de la publicité extérieure qui consiste à habiller une colonne d'un support publicitaire en la recouvrant totalement des éléments liés à l'annonceur et en la couvrant éventuellement d'un élément symbolique.

Habillage de linéaire :

Pratique qui consiste à habiller un rayon avec différents éléments de PLV/ILV.

Handy-pack :

Packaging ou emballage d'un produit conçu de telle manière qu'il offre des poignées facilitant son transport par le consommateur.

Hard Discount (HD) :

Circuit de distribution qui désigne des surfaces de ventes appliquant des prix généralement plus bas que ceux observés dans la distribution traditionnelle.

Hypermarché :

Circuit de distribution qui désigne une surface de vente

alimentaire de plus de 2 500 M2.

Identité de marque :

Manière dont les consommateurs perçoivent une entreprise.

Îlot :

Correspond à une offre présente de manière isolée au milieu d'une allée ou dans une zone promotionnelle.

Îlot box :

Éléments de PLV qui combine les caractéristiques d'un îlot et d'une box.

Îlot en PLV :

Meuble de PLV autour duquel la clientèle peut circuler et au sein duquel le produit est accessible de tous côtés.

Îlot événementiel :

PLV de vente mis à disposition d'un distributeur par un industriel à l'occasion d'une opération promotionnelle ou d'un lancement de produit.

ILV :

Acronyme pour "**I**nformation sur le **L**ieu de **V**ente".

Image de marque :

Façon dont une entreprise, une marque, un service ou un produit est perçue par ses différents publics.

Implantation du linéaire :

Consiste à aménager un linéaire en décidant de l'espace et de l'emplacement accordé à chaque référence, produit ou famille de produits.

Implantation verticale :

Mode d'implantation des produits en rayon par lequel une même référence ou même marque se voit attribuer tous les niveaux d'une gondole si le facing le permet.

In pack :

Élément de promotion qui se trouve à l'intérieur de l'emballage du produit.

Inventaire magasin :

Vérification physique et systématique des immobilisations et des stocks de marchandises.

Joue de linéaire :

Élément de PLV qui vise à attirer l'attention sur un produit ou une marque au sein du rayon.

Kakemono :

Outil de PLV qui désigne une grande affiche plus longue que large.

kit animation :

Élément d'animation et de théâtralisation du point de vente qui est remis au distributeur.

Kit de TG :

Élément de PLV destinés à habiller les têtes de gondoles lors d'une opération promotionnelle.

Kit PLV :

Élément destinés à la promotion et à la publicité sur le lieu de vente.

Largeur d'assortiment :

Correspond au nombre de familles de produits différentes dans un point de vente.

Largeur de gamme :

Nombre de lignes de produits proposées au sein d'une gamme par le fabricant ou un fournisseur.

Leaflet :

Document publicitaire prenant la forme d'une feuille volante qui est laissée à la disposition du public sur un comptoir, un stand ou tout autre emplacement.

Licence de marque :

Contrat qui autorise un tiers à utiliser une marque.

Libre-Service (LS) :

Acheteur qui se déplace librement à l'intérieur du point de vente, choisit ses produits et les transporte jusqu'au lieu de règlement situé le plus souvent à la sortie du point de vente.

Ligne de produit :

Ensemble de modèles ou références de produits de même nature proposés au sein d'une gamme de produits.

Linéaire :

Rayonnage disponible pour la présentation des produits en surface de vente.

Linéaire au sol :

Exprime la longueur occupée par le mobilier de linéaire au sein d'un rayon ou d'un point de vente.

Linéaire développé :

Correspond à la longueur totale de présentation des produits disponibles sur les mobiliers de linéaire.

Linéaire digital :

Linéaire ou rayon virtuel prenant la forme d'un écran digital sur lequel sont affichés visuellement les produits.

Linéaire intelligent :

Rayon ou linéaire capable d'adapter la présentation de son offre commerciale en fonction des comportements ou caractéristiques des clients passant dans le linéaire.

Linéaire mural :

Mobilier de vente de type linéaire qui est adossé à un mur.

Logiciel de merchandising :

Logiciel qui permet de créer et de visualiser les planogrammes qui sont utilisés pour l'implantation de produits ou l'implantation/réimplantation du linéaire.

Logistique PLV :

Ensemble des opérations de création, de production, d'expédition et de mise en place physique des éléments de PLV en points de vente.

Longueur de gamme :

Nombre total de références que l'entreprise commercialise.

Lot :

Technique promotionnelle qui consiste à vendre le produit non pas à l'unité, mais par 2 ou 3 exemplaires, voire plus en les attachants entre eux.

Lot virtuel :

Lot que compose lui-même le consommateur en achetant plusieurs références identiques ou plusieurs produits ou variétés de produits au sein d'une même gamme pour profiter d'une opération promotionnelle de type "1 produit acheté/1 produit offert" ou "2 produits achetés/le 3ème gratuit".

Magasin à succursales multiples (M.A.S.) :

Points de vente au détail, indépendants et proposant généralement des produits alimentaires. Ils sont articulés autour d'une fonction administrative commune et d'une centrale d'achat.

Magasin d'usine :

Surface de vente exploitée par un fabricant, qui vend exclusivement les produits de sa fabrication avec un rabais important par rapport au prix public.

Magasin multi-commerces :

Magasin de détail à rayons multiples, disposant d'une surface de vente identique à celle d'un supermarché.

Mandat :

Contrat entre un fournisseur et un distributeur utilisé pour financer une mécanique promotionnelle.

Marchandisation :

Procédé qui définit le passage d'un élément au stade non marchand (public) à une forme marchande (privée).

Marché :

Lieu de rencontre entre l'offre et la demande relatives à un produit.

Marché de niche :

Marché très étroit correspondant à un produit ou service très spécialisé.

Marge :

Différence entre un prix de vente (HT) et un prix d'achat (HT).

Marge avant :

Différence entre le prix de vente au consommateur et le prix d'achat par le détaillant à son fournisseur (grossiste, producteur, importateur).

Marge Brute :

Différence entre le prix de vente d'un produit et son prix d'achat.

Marketing :

Ensemble des actions ayant pour objectifs d'étudier et d'influencer les besoins et comportements des consommateurs et de réaliser en continu les adaptations de la production et de l'appareil commercial en fonction des besoins et les comportements précédemment identifiés.

Marketing de masse :

Désigne généralement l'ensemble des actions marketing et publicitaires indifférenciées utilisant le plus souvent les médias à forte audience et proposant un message ou une offre peu ou pas personnalisée.

Marque d'enseigne :

Marque de distributeur qui reprend le nom et éventuellement le logo de l'enseigne qui en est propriétaire.

Marque de Distributeur (MDD) :

Aussi appelées **M**arques **P**ropres ou **M**aruqes de **D**istribution sont les produits commercialisés sous le logo d'une enseigne.

Marketing e-commerce :

Méthode de promotion d'une compagnie qui vend ses produits ou services via Internet qui commence, aussi, à être très prisé par le point de vente.

Marque éponyme :

Marque qui a donné une partie de son nom à une marque dérivée (Danone pour Danao).

Marque évocatrice :

Marque dont le nom évoque sa nature, ses qualités, ses avantages ou son domaine d'activité.

Marketing de niche :

Techniques marketing utilisées pour promouvoir des produits sur des marchés de niche. Les produits et les services sont souvent très différenciés et très spécialisés.

Marque fille :

Marque de produits ou de ligne de produits qui est utilisée en complément d'une marque mère qui lui sert de caution.

Marque générique :

Marque leader ou monopole qui entre progressivement dans le

vocabulaire commun pour désigner le produit.

Marque Mère :

Marque ombrelle utilisée en complément d'une marque fille.

Marques Nationales (MN) :

Désigne toutes les grandes marques.

Marque ombrelle :

Marque utilisée simultanément pour un ensemble de produits hétérogènes.

Marque patronymique :

Marque qui a été déposée en reprenant le patronyme d'un individu comme nom de marque.

M-commerce :

Regroupe l'ensemble des transactions commerciales réalisées sur terminaux mobiles (smartphones et tablettes).

Merchandiser :

Spécialiste des techniques de marchandisage.

Merchandiser visuel :

Le merchandiseur visuel est un spécialiste de l'aménagement des vitrines et des magasins.

Merchandising :

Ensemble des techniques d'optimisation commerciale de la surface d'exposition d'un produit dans les points de ventes.

Merchandising de distributeur ou d'enseigne :

Merchandiser de grandes enseignes qui travaillent sur l'optimisation commerciale de la surface de vente disponible dans leurs points de ventes.

Merchandising de gestion :

Techniques quantitatives de merchandising qui consistent à calculer les allocations du linéaire selon différents indicateurs.

Merchandising de marque :

Merchandisers qui cherchent à maximiser le chiffre d'affaires de leur marque en fonction de l'espace qui leur est attribué par les distributeurs.

Merchandising de séduction :

Consiste à mettre en valeur l'offre d'un point de vente en optimisant la présentation des produits et l'agencement général et l'ambiance du point de vente.

Merchandising d'événement :

Consiste à vendre des articles ou produits dérivés liés à un événement, un individu ou une entité spécifique.

Merchandising émotionnel :

Qui vise à susciter et développer des émotions lorsque le client pénètre dans un point de vente.

Merchandising d'organisation :

Organisation d'un assortiment dans un point de vente par thème ou par famille de produit.

Merchandising olfactif :

Pratique qui consiste à utiliser les odeurs dans un point de vente pour stimuler les ventes.

Merchandising sensoriel :

Méthode basée sur la mise à profit des différents sens du consommateur afin d'augmenter le nombre de ventes.

Merchandising sonore :

Utilisation d'une musique d'ambiance adaptée au sein du point de vente pour favoriser les achats, influencer la durée de visite et favoriser la fidélisation.

Merchandising sportif :

Activité de vente d'articles ou produits à l'effigie d'une organisation ou fédération sportive, d'un club sportif, d'un évènement ou même d'un individu.

Merchandising tactile :

Pratique qui consiste à favoriser la prise en main du produit au sein du point de vente pour développer un sentiment d'appropriation du produit et d'éventuelles sensations tactiles.

Mètre linéaire :

Unité de mesure utilisée pour mesurer le linéaire développé d'un rayon ou d'un point de vente.

Micromarketing :

C'est une approche de la publicité qui tend à cibler un groupe spécifique de personnes dans un marché de niche.

Multipack :

Groupe de produits similaires réunis pour former une offre promotionnelle.

Non Consommateur Involontaire (NCI) :

Personne qui ne consomme pas un produit à un moment donné à cause d'un obstacle matériel (pouvoir d'achat insuffisant, absence d'offre locale, …).

Microentreprise :

Entreprise qui compte moins de 10 personnes dans ses effectifs et qui a un chiffre d'affaires annuel ou un total de bilan qui ne dépasse pas 2 millions d'euros.

Mise en avant (MEA) :

Désigne généralement dans le domaine de la distribution une opération promotionnelle ponctuelle par laquelle un produit est mis en avant au sein d'un point de vente ou d'un réseau de points de vente.

Mise en rayon :

Activité qui consiste à approvisionner le rayon tôt le matin avant l'ouverture du magasin.

Multicanal (vente) :

Fait de vendre via plusieurs canaux, magasin physique, site internet, site mobile, drive, etc.

Mural :

Mobilier qui occupe toute la surface d'un mur, à l'intérieur d'un point de vente.

Nom commercial :

Appellation sous laquelle une personne morale ou physique exploite son fonds de commerce et se fait connaître à sa clientèle.

Notoriété de marque :

Le fait d'être connue ou reconnue par les consommateurs.

Omnicanal :

C'est d'utiliser plusieurs canaux d'une marque en même temps.

Omnicommerce :

Produits qui se vendent sur tous les canaux disponibles.

On pack :

Promotion ou document commercial figurant dans un emballage ou sur le conditionnement d'un produit.

Opération promotionnelle :

Mise en place d'une campagne de promotion des ventes.

Optimisation du linéaire :

Consiste à optimiser la présentation des produits afin d'être le plus rentable possible.

Packaging :

Désigne l'emballage extérieur ou le conditionnement visible du produit.

Palette :

Structure de bois de taille standard 80×120 ou 100×120 qui

permet le stockage et le transport de marchandise.

Panel :

Échantillon permanent de personnes ou d'entreprises représentatif de la population étudiée, auprès duquel des enquêtes sont menées d'une manière répétitive, avec les mêmes méthodes et sur les mêmes sujets.

Panel consommateur :

Échantillon permanent d'individus ou de foyers qui transmettent régulièrement les achats de consommation courante qu'ils réalisent à la société d'étude ayant mis en place le panel.

Panel distributeur :

Échantillon permanent de distributeurs représentatifs de l'univers de distribution étudié.

Panier Moyen ou Caddie Moyen :

Montant moyen du ticket de caisse lors d'un passage en caisse.

Part de linéaire (PDL) :

Correspond à la part d'espace attribuée à une référence ou une marque au sein d'un rayon ou d'une famille de produit.

Part de marché (PDM) :

Part de marché d'un produit exprimé en valeur monétaire et non en quantité.

Perroquet :

Il s'agit d'un meuble de vente rotatif qui peut être droit ou oblique.

Pick and pack :

Le fait de prendre le produit et de l'emballer directement dans le colis.

Picking :

Technique qui revient à prélever directement dans le stock du magasin les produits commandés sur le site internet du drive.

Picking par zone :

Entrepôt qui est divisé en zones précises pour le prélèvement.

PGC :

Acronyme utilisé notamment dans le domaine de la grande distribution généraliste pour désigner les **P**roduits de **G**rande **C**onsommation.

Plan d'action commerciale (PAC) :

Plan d'entreprise qui a pour but d'élaborer les moyens et actions à mettre en place pour atteindre les objectifs fixés et suivre la stratégie commerciale de l'entreprise.

Plan de marchéage :

Ensemble des décisions et actions marketing prises pour assurer le succès d'un produit, service, marque ou enseigne sur son marché.

Plan d'implantation :

Document représentant la disposition des produits dans un rayon avec les dimensions précises de chaque espace alloué dans le linéaire.

Plan merchandising :

Regroupe toutes les actions entreprises pour assurer la meilleure visibilité possible des produits de la marque dans les points de vente.

Planogramme :

Représentation visuelle de l'implantation d'un rayon ou gondole dans un point de vente.

PLV à lévitation :

Forme de PLV qui consiste à présenter le produit à promouvoir dans un état de lévitation.

PLV automatique :

Supports de PLV dont le montage s'effectue de manière très simple et en quelques secondes. La PLV automatique est également appelée PLV pop-up.

PLV carton :

Ensemble des éléments de PLV réalisés en carton et surtout utilisés à des fins promotionnelles ou événementielles en grande distribution.

PLV digitale :

Toutes les formes de publicité sur le lieu de vente utilisant les techniques d'affichage digital.

PLV dynamique :

Publicité sur le lieu de vente qui est diffusée sur un écran digital.

PLV éphémère :

Supports de PLV PLV dont la durée de vie est généralement

limitée de quelques jours à quelques semaines.

PLV événementielle :

Élément de PLV hors norme destiné à créer l'événement dans le point de vente.

PLV gonflable :

Objet gonflable permettant de refléter l'image de marque d'un produit à travers un objet gonflé à bloc.

PLV holographique :

Techniques de présentation visuelle produit utilisant des hologrammes et autres procédés proches de production d'images en relief ou en 3D.

PLV intelligente :

Publicité sur le lieu de vente qui va adapter en temps réel le message délivré au consommateur en fonction de son comportement ou de ses caractéristiques.

PLV lumineuse :

Ensemble de techniques et d'équipements permettant de mettre en avant et de valoriser des produits sur le lieu de vente par l'utilisation de la lumière.

PLV numérique :

Toutes les formes de publicité sur le lieu de vente diffusées sur un écran numérique.

PLV olfactive :

Technique de mise en avant d'un produit utilisé sur le lieu de vente et qui consiste à diffuser un parfum ou une odeur destinée à attirer l'attention sur le produit.

PLV par hologramme :

Forme de PLV événementielle qui est plutôt réservée à des produits de luxe ou haut de gamme.

PLV permanente :

Utilisé pour désigner des présentoirs et mobiliers de PLV qui sont destinés à une utilisation de longue durée dans le point de vente.

PLV pop-up :

Éléments de PLV qui se déplient automatiquement à l'ouverture.

PLV portique :

Correspond à l'affichage publicitaire effectué sur les portiques antivol présents aux entrées et les sorties des magasins.

PLV promotionnelle :

Éléments de PLV fournis à un distributeur dans le cadre d'une opération promotionnelle.

PLV robotisée :

Mode de démonstration dans un point de vente pris en charge par un robot.

PLV sonore :

Utilisation d'éléments de PLV qui attirent l'attention du chaland par l'utilisation du son.

PLV vidéo :

Utilisation de vidéos de démonstration sur le lieu de vente.

PME :

Entreprise comprenant entre 20 et 250 salariés.

Point de couverture brut ou Par Combien (PCB) :

Nombre de produits contenus dans une unité de commande. Un PCB de 12 veut donc simplement dire "conditionnement de 12".

Point de vente :

Implantation physique réalisant la vente d'un ou plusieurs produits ou services.

Portefeuille de marques :

Ensemble des marques possédées et utilisées par une société.

Portefeuille de produits :

Ensemble de produits proposés par une entreprise.

Positionnement :

Position qu'occupe un produit ou une marque dans l'esprit des consommateurs face à ses concurrents sur différents critères (prix, image, caractéristiques, etc.).

Précycler :

Comportement d'achat dicté par la capacité du produit concerné à être recyclé.

Premier Entré, Premier Sorti (PEPS) :

Méthode de gestion des stocks qui revient à faire en sorte que le premier article rentré en stock, soit le premier à sortir et à être vendu.

Premier Prix :

Généralement, les produits à bas prix de marque distributeur discount

Premium pack :

Lot de produits offrant une prime à l'intérieur ou à l'extérieur du paquet.

Présentoir de comptoir :

Support de PLV utilisé sur un comptoir ou au niveau d'une caisse.

Présentoir de sol :

Support de PLV à installer au sol dans un point de vente.

Présentoir filaire :

Présentoir dont la structure est constituée en fil de fer galvanisé.

Présentoir intelligent :

Présentoir qui adapte l'information commerciale proposée au client en fonction de son comportement ou de ses caractéristiques.

Présentoir interactif :

Présentoir qui propose de manière interactive des informations au visiteur d'un point de vente.

Prix d'acceptabilité :

Niveau ou tranche de prix jugés acceptables par un consommateur ou par une majorité de consommateurs pour un produit déterminé.

Prix Magique :

Technique marketing qui agit sur le prix afin de feindre un prix inférieur. Exemple : 9,99 au lieu de 10 euros, ou bien un prix rond, « Tout à 2 euros ».

Pointeau :

Désigne le lieu d'accueil de la sécurité.

POS :

Plan d'**O**ccupation des **S**ols, qui décrit l'espace utilisé pour les promotions en allée centrale ou en tête de gondole.

PP :

Acronyme qui désigne un sigle pour **P**remier **P**rix

PPI :

Acronyme qui désigne un sigle pour **P**ain **P**âtisserie **I**ndustrielle.

Prix psychologique ou prix d'acceptabilité :

Prix théorique pour lequel les ventes d'un produit pourraient être au maximum en fonction des seuils psychologiques auxquels fait face le consommateur.

Produit collector :

Produit de collection dont l'intérêt repose sur une durée de vie courte, que l'on retrouve sur un packaging ou un contenu spécifique.

Produit blanc :

Produit de petit et gros électroménager (congélateur, réfrigérateur, machine à laver, etc.).

Produit brun :

Correspondent aux télévisions et autres produits audio (TV, Hifi, etc.).

Produit d'appel :

Produit vendu à un prix qui ne permet pas de profit mais qui permet d'attirer les clients dans un point de vente.

Produit de Grande Consommation (PGC) :

Produit du quotidien acheté régulièrement par les foyers dans les magasins de grande distribution et petit commerce.

Produit d'entrée de gamme :

Produit qui est le moins cher et souvent le moins élaboré dans la gamme d'un fabricant ou l'assortiment d'un distributeur.

Produit dérivé :

Produit issu d'une œuvre et s'appuyant sur sa notoriété qui fera vendre le produit.

Produit durable :

Bien de consommation dont l'utilisation s'étend sur une longue période et dont la valeur diminue lentement avec le temps.

Produit Frais Traditionnel (PFT) :

Produit qui est vendu la plupart du temps sur des stands comme la boucherie, la crèmerie, le traiteur…

Produit générique :

Produit premier prix qui est vendu sans marque dans la grande distribution.

Produit girafe :

Technique promotionnelle par laquelle une quantité en plus est offerte à l'achat au sein du même conditionnement. On parle de promotion girafe, car le conditionnement ou packaging habituel doit être allongé pour contenir le supplément de produit offert.

Produit haut de gamme (ou service) :

Produit ou service qui en termes de qualité et de prix se situe dans la partie haute de l'offre d'un fabricant ou d'un distributeur.

Produit low cost :

Produit économique qui consiste à réduire une offre pour un produit ou un service au strict minimum en mettant en avant des prix très attractifs afin de séduire le plus de clients et de répondre à leurs besoins précis .

Produit ou bien substituable :

Bien pouvant remplacer ou être remplacé par un autre bien pour répondre à un même besoin.

Produit poids mort :

Produit en perte de vitesse qu'on ne conserve que s'il permet de dégager encore quelques bénéfices ou d'amortir les coûts de production.

Profondeur de gamme :

Nombre moyen de produits proposés au sein des lignes de produits constituant la gamme.

Protective packaging ou packaging de protection :

Emballages de différentes formes dont la fonction essentielle est de protéger l'intégrité des produits lors du transport.

Produit d'entrée de gamme :

Produit qui est le moins cher et souvent le moins élaboré dans la gamme d'un fabricant ou l'assortiment d'un distributeur.

Produit de substitution :

Produit qui peut être remplacer par un autre en répondant au même besoin.

Produit gris :

Produits informatiques et multimédia (ordinateurs, tablettes, téléphones, ..).

Produit numérique :

Produit ou service qui se présente sous forme d'un simple fichier informatique (articles en ligne, logiciels, vidéo, musique, photo, ...).

Produit personnalisé :

Produit comportant un élément visuel, généralement imprimé, reprenant le nom, une mention ou une photographie lié au destinataire ou acheteur du produit.

Produit premier prix :

Référence proposée au prix le plus bas pour la
la catégorie de produit concernée.

Produit reconditionné :

Produit électronique ou électroménager qui est vendu d'occasion en "seconde main" après avoir été remis en état.

Produit vedette :

Produit à part de marché très fort sur un marché encore en croissance ou ayant encore un potentiel de développement.

Profondeur d'assortiment :

Nombre de références différentes (couleurs, tailles, marques, contenances, ..) proposées par un distributeur au sein d'une même famille homogène de produits.

Promotion des ventes :

Opération marketing ponctuelle destinée à influencer les ventes sur le court terme.

Proximité :

Petite surface de vente implanté généralement en région urbaine ou en bourg.

PSA :

Acronyme qui désigne un sigle pour **P**roduits **S**alés **A**péritifs

Publicité chariot ou caddie :

Forme de publicité utilisée sur des caddies par les marques de produits de grande consommation dans les supermarchés et hypermarchés.

Publicité démonstrative :

Publicité qui s'attache à démontrer plus ou moins directement l'efficacité d'un produit ou ses avantages en situation d'usage.

Publicité Flottante :

Format publicitaire qui consiste à laisser en permanence l'élément publicitaire sur l'écran, même lorsque l'utilisateur descend ou monte dans le contenu de la page.

Publicité sur Lieu de Vente (PLV) :

Ensemble des supports de communication utilisés sur les lieux de vente pour valoriser les marques, les messages ou les produits.

PVC :

Acronyme qui désigne **P**rix de **V**ente **C**onsommateur ou **P**rix de **V**ente **C**onseillé.

QR code :

Ou flashcode peut être lu par des appareils mobiles tels qu'un smartphone ou une tablette, grâce à une application dédiée.

Queue de stock :

Quantité limitée de produits restant pour une référence qui risque de ne pas être renouvelée ou réapprovisionnée.

Rack :

Support d'entreposage qui est habituellement en métal.

Rack Auto-Alimenté :

Support d'entreposage conçu de telle manière que les produits stockés sont dirigés automatiquement vers la zone de distribution.

Rack-Jobbing :

Technique de vente dite à rayon concédé pour y vendre directement ses produits, après avoir aménagé soi-même l'emplacement concédé par un distributeur dans un point de vente.

Réapprovisionnement automatique :

Produit qui peut être commandé automatiquement en fonction

des données de sortie de caisse.

Réassort :

Raccourci couramment utilisé dans le domaine commercial pour parler du réassortiment.

Réassortiment :

Action de reconstituer l'assortiment d'un point de vente ou d'un rayon.

Recadrage linéaire :

Le fait pour un merchandiser de marque de retravailler la disposition de ses produits dans le linéaire pour respecter les accords de visibilité/merchandising passés avec une enseigne.

Récence :

Date du dernier achat effectué.

Reconditionnement :

Changer à nouveau le conditionnement ou l'emballage d'un produit.

Réenchantement du point de vente :

Terme utilisé pour désigner les pratiques visant à améliorer l'expérience client et l'expérience d'achat dans le commerce physique.

Référencement :

Démarche qui consiste pour un fournisseur à introduire une ou plusieurs de ses références dans l'offre ou l'assortiment des distributeurs visés.

Reflet de marque :

Image que l'on a de ceux qui consomment la marque. Elle permet à son consommateur de développer une relation avec elle.

Refonte de packaging :

Marque ou enseigne qui décident de changer son packaging de son produit.

Réimplantation :

Consiste à vider l'intégralité du rayon pour le reconstituer à nouveau de manière optimisée. Il est fréquent de s'appuyer sur un plan merchandising.

Réglette de linéaire :

Bandeau venant s'insérer sur le devant des linéaires pour mettre en avant une marque ou un produit.

Relevé de facing :

Opération qui vise à mesurer la présence visuelle et la place accordée à une référence produit au sein du linéaire.

Relevé de prix :

Pratique ponctuelle ou régulière qui consiste à relever les prix pratiqués par des concurrents ou distributeurs.

Remise Différée (RD) :

Mécanisme promotionnel qui est réservé aux porteurs de la carte de fidélité. La réduction est cumulée sur la carte et peut être dépensée lors de futurs achats.

Roll ou roll conteneur :

Conteneur métallique monté sur roulette qui permet d'y déposer de la marchandise afin de transporter son contenu jusqu'au rayon pour remplir le linéaire.

ROPO (Effet ROPO) :

Consiste à s'informer sur un produit tout d'abord en ligne, pour ensuite l'acheter dans un point de vente physique.

Rotation :

Renouvellement de la marchandise en rayon.

Rupture de stock :

Épuisement provisoire du stock d'un produit et ou bien d'une marque.

Séparateur de linéaire :

Élément de rangement et de PLV qui permet de séparer les produits au sein du linéaire.

Seuil de Revente à Perte (SRP) :

Seuil en dessous duquel il est interdit de revendre une marchandise.

Signalétique :

Moyen de signalisation dans un commerce qui sert à guider le client vers les produits de son choix.

Soft discount :

Formes d'évolution du modèle de distribution hard discount.

Sponsor :

Annonceur qui apporte son soutien financier à un événement en échange de différentes formes de visibilité.

Sponsoring :

Opération de communication permettant à une marque de s'associer et de soutenir l'organisation d'une manifestation.

Squelette :

Consiste à créer les facings sur les gondoles sans disposer de produits dans la profondeur derrière le facing lors de l'implantation ou de la réimplantation d'un linéaire.

Start-up:

Terme utilisé à l'origine pour désigner les sociétés technologiques en début de vie et à fort potentiel de croissance.

Sticker :

Autocollants de petites tailles qui sont apposés sur les produits ou packagings lors d'offres promotionnelles.

Sticker on-pack :

Autocollant promotionnel qui est directement apposé sur le produit.

Stop caisse :

Outil utilisé pour désigner un séparateur de caisse ou séparateur de client.
Stop rayon :

Élément de PLV qui vient se fixer sur les linéaires et qui permet de capter l'attention de l'acheteur.

Store check ou vérification magasin :

Vérification de la mise en place d'un produit sur le lieu de vente.

Succursale :

Établissement commercial dépendant d'une enseigne "maison mère" et n'ayant pas à ce titre d'autonomie et d'existence juridique propre.

Supérette :

Point de vente situé en zone urbaine, d'une surface de vente comprise entre 120 et 400 M2 et dont l'assortiment est à dominante alimentaire.

Supermarché (SM) :

Circuit de distribution qui désigne une surface de vente alimentaire de moins de 2500 M2.

Surface de vente :

Englobe toute la superficie mise à disposition de la vente, incluant les rayonnages, les allées et les caisses.

Taux de marge brute :

Ou marge commerciale, c'est la différence entre le prix de vente d'un article et son prix d'achat.

Taux de marque :

Indicateur de rentabilité d'un produit, ou d'un point de vente lorsqu'il est mesuré sur l'ensemble des ventes.

Taux d'emprise :

Taux égal au pourcentage du chiffre d'affaires d'un point de vente, rapporté au potentiel total de la zone de chalandise.

Taux de pénétration :

Indicateur de gestion commerciale qui traduit la proportion de consommateurs ayant acheté le produit pour une période et sur un marché donné.

Taux de Service (TS) :

Capacité d'un fournisseur à honorer les commandes passées par un distributeur.

Taux de transaction :

Ou taux de conversion, calcul en pourcentage du nombre de transactions réalisées sur le nombre total de visiteurs.

Taux Sur Possible (TSP) :

Chiffre utilisé par les commerciaux en magasin pour mesurer la proportion de produits référencés par rapport à l'objectif fixé. Par exemple, dans un point de vente, le fournisseur X va proposer une liste de 50 produits à référencer. Le TSP se calcule en fonction de ces 50 produits.

Terminal de paiement électronique :

Lecteur de carte de paiement situé à côté des caisses dans un point de vente.

Test de packaging :

Ou test de conditionnement, destiné à valider le potentiel d'un packaging ou conditionnement à remplir ses objectifs marketing et commerciaux.

Testimonial :

Parole d'un client qui exprime sa satisfaction d'un produit ou d'une entreprise pour vanter les mérites de celle-ci.

Tête de Gondole (TG) :

Emplacement situé en bout de rayon et donnant sur les allées de circulation principales et pour certaines sur l'allée centrale.

Théâtralisation du point de vente :

Démarche ponctuelle ou permanente qui consiste à mettre en scène l'offre commerciale d'une enseigne ou d'une marque.

TLM :

Acronyme qui désigne **T**raiteur de **La M**er.

TPE :

Acronyme qui désigne une **T**rès **P**etite **E**ntreprise ayant moins de 20 salariés.

Trade marketing :

Ensemble des actions marketing menées ou financées par un fabricant fournisseur en "collaboration" ou "partenariat" avec les distributeurs en ayant l'objectif affiché de mieux répondre aux besoins du consommateur.

Trafic :

Nombre de personnes qui visitent un site internet, une application mobile ou qui fréquentent un point de vente physique à un moment donné.

Transpalette :

Appareil de manutention de palette mécanique ou électrique également appelé Tire Pal ou Transpal.

Unité de Besoin (UB) :

Produit unique qui répond à un besoin.

Unité de Consommation (UC) :

Nombre d'unités de produit. Ex : 15 piles = 15 UC

Univers de référence :

Catégorie de produits à laquelle une offre est rattachée dans l'esprit du consommateur.

Upcycling :

Consiste à offrir une sorte de plus-value à des déchets ou des objets non utilisés, autrement dit les transformer en des pièces de meilleure qualité.

UVC :

Acronyme pour **U**nité de **V**ente **C**onsommateur ou **U**nité de **V**ente **C**onditionnée. L'UVC correspond au produit tel qu'il est vendu au consommateur.

Valeur à vie d'un consommateur :

Ensemble des achats qu'un consommateur va réaliser durant toute sa vie d'acheteur. Il peut se calculer sur une période spécifique.

Valeur faciale :

Désigne dans le cadre des mécaniques promotionnelles la valeur de la réduction ou du remboursement qui figure sur le coupon ou support d'information promotionnelle.

Veille commerciale :

Activité de surveillance et d'analyse d'un marché pris dans son ensemble.

Veille concurrentielle :

Ensemble des dispositifs mis en place par une entreprise visant à surveiller de façon continue les actions et produits de la concurrence.

Vente complémentaire :

Consiste à vendre un produit complémentaire ou supplémentaire à celui initialement acheté.

Vente événementielle :

Opération de vente réalisée par des points de vente physiques et réservée à une partie seulement des clients qui reçoit une invitation.

Vidéo marchande :

Présentation de manière valorisante un produit ou un service pour inciter le consommateur à l'achat.

Visite mystère :

Contrôle d'un point de vente effectuée par un enquêteur selon un scénario précis et donnant lieu ensuite à l'établissement d'un rapport.

Visual merchandiser :

Responsable de la mise en scène des produits pour un réseau de points de vente ou d'enseigne afin de leur apporter une meilleure visibilité.

Vitrine tactile :

Système informatique visant à présenter et à interagir avec

tous types de contenus multimédia : catalogues, plaquettes, films, jeux.

Vitrophanie :

Technique de pose d'adhésifs transparents sur l'intérieur des vitrines qui présente plusieurs types d'utilisations dans le domaine marketing et commercial.

VSS :

Sigle signifiant **V**entes **S**ans **S**uite et qui désigne des produits n'étant pas dans l'assortiment permanent et vendus de manière temporaire, lors d'une opération promotionnelle.

Zone de Chalandise :

Zone géographique sur laquelle se trouve la clientèle du magasin.

Zone de chalandise primaire :

Zone de chalandise pour laquelle l'attractivité d'un point de vente est la plus forte en fonction du temps de déplacement nécessaire pour se rendre dans ce point de vente.

Zone chaude :

Point de vente ou il y a beaucoup de circulation.

Zone froide :

Point de vente ou il y a beaucoup moins de circulation.

Zoning point de vente :

Parcours que font les clients lorsqu'ils pénètrent dans un point de vente. Il s'agit donc de placer les produits à ces endroits stratégiques pour que les clients les achètent.

Valeur de marque :

Valeur financière d'une marque mais désigne aussi des "idéaux" guidant les actions de la marque (respect de l'environnement, citoyenneté, solidarité, etc.).

Winner per store :

Technique de promotion dans laquelle les clients participent à une loterie et qui désigne un seul gagnant par magasin.

MES NOTES

MES NOTES

www.ingramcontent.com/pod-product-compliance
Lightning Source LLC
Chambersburg PA
CBHW060438220526
45465CB00008B/3183